Delfines

Grace Hansen

Abdo
LA VIDA EN EL OCÉANO
Kids

abdopublishing.com

Published by Abdo Kids, a division of ABDO, PO Box 398166, Minneapolis, Minnesota 55439.

Printed in the United States of America, North Mankato, Minnesota.

052016

092016

 THIS BOOK CONTAINS RECYCLED MATERIALS

Spanish Translator: Maria Puchol, Pablo Viedma

Photo Credits: iStock, Shutterstock, Thinkstock

Production Contributors: Teddy Borth, Jennie Forsberg, Grace Hansen

Design Contributors: Laura Rask, Dorothy Toth

Publishers Cataloging-in-Publication Data

Names: Hansen, Grace, author.

Title: Delfines / by Grace Hansen.

Other titles: Dolphins. Spanish

Description: Minneapolis, MN : Abdo Kids, [2017] | Series: La vida en el océano | Includes bibliographical references and index.

Identifiers: LCCN 2016934887 | ISBN 9781680807455 (lib. bdg.) | ISBN 9781680808476 (ebook)

Subjects: LCSH: Dolphins--Juvenile literature. | Spanish language materials--Juvenile literature.

Classification: DDC 599.53--dc23

LC record available at http://lccn.loc.gov/2016934887

Contenido

Delfines

Hay dos tipos de ballenas.
Los balénidos y las ballenas
con dientes. Los delfines son
ballenas con dientes.

4

Los delfines viven en los océanos de todo el mundo. Les gustan las aguas poco profundas. Algunas especies viven en ríos.

Delfines nariz de botella

Los delfines nariz de botella son la especie más común. Pueden llegar a medir 8 pies (2.4m) de largo.

Orcas

Las orcas son los delfines más grandes. A las orcas también se las llama ballenas asesinas. Las orcas pueden llegar a medir 25 pies (7.6m) de largo.

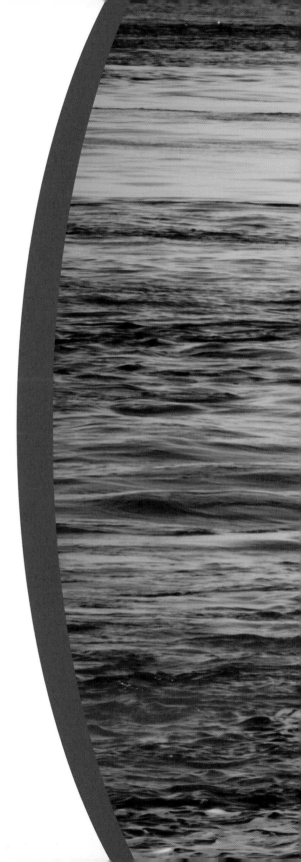

11

Partes del cuerpo

Los delfines tienen cinco aletas.
Usan esas aletas para moverse
y girar.

12

Los delfines tienen un espiráculo. Lo usan para respirar.

espiráculo

15

Personalidad

Los delfines son sociables.
Viven y cazan en grupos
llamados **manadas**. Muchos
de sus miembros son de la
misma familia.

17

Crías de delfín

Los delfines recién nacidos se llaman crías. Cada dos o cuatro años las hembras normalmente tienen una cría. Es raro que tengan **gemelos**.

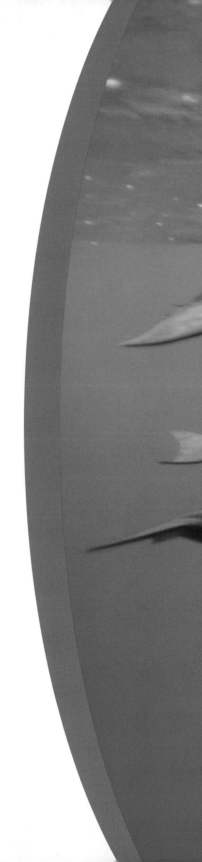

Las crías **lactan** hasta los dos años. Se quedan con sus madres durante ocho años como máximo.

Más datos

- Hay más de 30 especies diferentes de delfines. Algunas viven en el océano. Otras son de ríos de agua dulce.

- Cada delfín tiene una **aleta dorsal** diferente.

- La mayoría de los delfines puede vivir mucho tiempo. Los delfines nariz de botella pueden vivir más de 40 años. Las orcas pueden vivir hasta 80 años.

Glosario

aleta dorsal – extremidad en la espalda del delfín.

común – conocido o reconocible.

gemelos – dos animales nacidos a la vez de la misma madre.

lactar – alimentar a los jóvenes con leche de la madre.

manada – grupo de delfines (alrededor de 12) que permanecen juntos para cazar y protegerse los unos a los otros.

Índice

abdokids.com

¡Usa este código para entrar en abdokids.com y tener acceso a juegos, arte, videos y mucho más!

Código Abdo Kids:
ODK7082